livramento

Flávio Moreira da Costa

LIVRAMENTO

A POESIA ESCONDIDA DE JOÃO DO SILÊNCIO

Copyright © 2006 Flávio Moreira da Costa

Capa
Christiano Menezes

Revisão
Jorge Amaral
Maryanne Linz

Produção editorial
Lucas Bandeira de Melo

CIP-BRASIL. CATALOGAÇÃO-NA-FONTE. SINDICATO NACIONAL DOS EDITORES DE LIVROS, RJ.

C872L
Costa, Flávio Moreira da, 1942-
    Livramento: a poesia escondida de João do Silêncio
    / Flávio Moreira da Costa. – Rio de Janeiro : Agir, 2006.
    - (Trilogia Aldara)
    Relacionado com: O país dos ponteiros desencontrados
    ISBN 85-220-0749-7

    1. Poesia brasileira. I. Título. II Série

06-3660.   cdd 869.91
                           cdu 821.134.3 (81)-1

Todos os direitos reservados à
AGIR EDITORA LTDA
Rua Nova Jerusalém, 345 CEP 21042-235 Bonsucesso Rio de Janeiro RJ
tel.: (21) 3882-8200 fax: (21) 3882-8212/8313

Aos quinze anos, em Porto Alegre, eu descobria a poesia
— e pela primeira vez conhecia um poeta.
Era um poeta municipal, famoso por sua excêntrica e
solitária boemia.
Há muito alçado o poeta nacional, o país comemora hoje,
em 2006, os cem anos de seu nascimento.
Este livro é dedicado a ele, Mário Quintana.

Obras de
FLÁVIO MOREIRA DA COSTA

ROMANCE
O desastronauta. Edição comemorativa. Rio de Janeiro: Agir, 2006.
O país dos ponteiros desencontrados. Rio de Janeiro: Agir, 2004.
O equilibrista do arame farpado. Rio de Janeiro: Record, 1997.
Às margens plácidas. São Paulo: Ática, 1978.
As armas e os barões. Rio de Janeiro: Imago, 1975.
A perseguição. Rio de Janeiro: Francisco Alves, 1973.
O desastronauta. Rio de Janeiro: Expressão e Cultura, 1971.

POLICIAL
Três casos policiais de Mario Livramento. Rio de Janeiro: Ediouro, 2003.
Modelo para morrer. Rio de Janeiro: Record, 1999.
Avenida Atlântica. Rio de Janeiro: Rio Fundo, 1992.
Os mortos estão vivos. Rio de Janeiro: Record, 1984.

LIVRO DE ARTE
Rio de Janeiro: marcos de uma evolução. Rio de Janeiro: Booklink, 2002.

INFANTO-JUVENIL
O almanaque do Dr. Ross. São Paulo: Nacional, 1985.

HUMOR
Nonadas: o livro das bobagens, Rio de Janeiro: Francisco Alves, 2000.

ENTREVISTA
Vida de artista. Porto Alegre: Sulina, 1985.

ENSAIO
Crime, espionagem e poder. Rio de Janeiro: Record, 1987.
Cinema moderno cinema novo. Rio de Janeiro: José Álvaro, 1966.

CRÍTICA LITERÁRIA
Os subúrbios da criação. São Paulo: Polis, 1979.

CONTOS
Malvadeza Durão e outros contos. Rio de Janeiro: Agir, 2006.
Nem todo canário é belga. Rio de Janeiro: Record, 1998.
Malvadeza Durão. Rio de Janeiro: Record, 1982.
Os espectadores. São Paulo: Símbolo, 1976.

BIOGRAFIA
Nelson Cavaquinho. Rio de Janeiro : Relume Dumará/RioArte, 2000.
Franz Kafka: profeta do espanto. São Paulo: Brasiliense, 1983.

ANTOLOGIAS
Os melhores contos bíblicos. Rio de Janeiro: Ediouro, 2006.
Os melhores contos fantásticos. Rio de Janeiro: Nova Fronteira, 2006.
22 contistas em campo. Rio de Janeiro: Ediouro, 2006.
Aquarelas do Brasil: contos de nossa música popular. Rio de Janeiro: Agir, 2005.
Os grandes contos populares do mundo. Rio de Janeiro: Ediouro, 2005.
Os melhores contos de medo, horror e morte. Rio de Janeiro: Nova Fronteira, 2005.
Crime feito em casa: contos policiais brasileiros. Rio de Janeiro: Record, 2005.
13 dos melhores contos de mitologia da literatura universal. Rio de Janeiro: Ediouro, 2004.
100 melhores histórias eróticas da literatura universal. Rio de Janeiro: Ediouro, 2003.
13 dos melhores contos de vampiros. Rio de Janeiro: Ediouro, 2003.
100 melhores contos de crime & mistério da literatura universal. Rio de Janeiro: Ediouro, 2002.
100 melhores contos de humor da literatura universal. Rio de Janeiro: Ediouro, 2001.

Onze em campo e um banco de primeira. Rio de Janeiro: Relume Dumará, 1998.
Viver de rir II: um livro cheio de graça. Rio de Janeiro: Record, 1997.
Crime à brasileira. Rio de Janeiro: Francisco Alves, 1995.
O mais belo país é teu sonho. Rio de Janeiro: Record, 1995.
Viver de rir: obras primas do conto de humor. Rio de Janeiro: Record, 1994.
A nova Califórnia e outros contos de Lima Barreto. Rio de Janeiro: Revan, 1993.
Plebiscito e outros contos de humor de Arthur Azevedo. Rio de Janeiro: Revan, 1993.
Onze em campo. Rio de Janeiro: Francisco Alves, 1986.
Antologia do conto gaúcho. Porto Alegre: Simões, 1970.

Trilogia de Aldara

1.
O país dos ponteiros desencontrados

2.
Livramento /
A poesia escondida de João do Silêncio

3.
Alma-de-gato /
A vida invisível de João do Silêncio e seus arredores

"A palavra Vento,
a palavra Liberdade,
cabem nesta palavra:
    L i v r a m e n t o."

João do Silêncio

"O poeta é um animal longo
desde a infância."

Luiza Netto Jorge

"O lado de dentro, de fora."

Fernando Pessoa

SUMÁRIO

POESIA ESCONDIDA E REVELADA....17

Introduções
Pequeno manual do mágico amador 25
Eu e o poeta 26
Poemas perdidos 27
O contrário 28

Cosmos Caosmos
I. Poesia/Teoria dos buracos negros 33
II. A superfície do não-retorno 34

Livramento
I 39
II 40
III 41
IV 42
V 43

Preto e branco, vermelho e verde
Gravura chinesa 47
Desenho a nanquim 48
O homem interno 49
Idade Média Moderna 50
Descalanto 51
Cartago 52
Há sempre um poema que não se pode escrever 53
Um poeta em Nueva York 54
Noite assassinada 55
Noite de noite 56
À beira da noite 57
A lua no bolso 58
Coração manchado de sangue 59

Vestir o verde 60
Vermelho e verde 61

O lado de dentro, de fora
O silêncio é uma música de Mozart 67
Meu coração 68
Grande e pequeno 69
Canção do exílio de um quarto de hotel 70
A ordem das coisas 71
Tiro ao alvo 72
Um segundo e meio 73
Rosto do poeta 74
Receita 76
O espião 77
Perdição 78
O sol dos sonhos 79
O movimento do vento 80
Na pele da vida 81
Amor e medo 82
Consumo de vida 83
Imperfeição 84
Linhas e cores 85

Poesia clandestina
Versos sobre versos 89
1 90
2 91
3 92
4 93
5 94
6 95
7 96
8 97
9 98
10 99
11 100
12 101

As armas e os homens 102
Um supermercado da Califórnia (Allen Ginsberg) 104
Um supermercado em Copacabana 106

Versos do mundo
Soneto de Góngora, morte e inferno 113
Ele e outros poemas 114
O invasor das sombras 115
Poema amoroso de Luis Cernuda 116
A lira de Joyce 117
Outro Pessoa 119
Pessoa pessoa 120
Fotografia 3X4 de Ezra Pound 121
Poema mariano 122
Mário Quintana 123
No meio do caminho 124
Meu tempo é quando 125
Um planeta solitário chamado Borges 126

A ciência dos adeuses
Aldara Aldara 131
Ana Maria entre a cruz e a luz 133
Futurismo pós-moderno 135
Morte e vida poesia 136
Até logo, posteridade 137
Epitáfio 138

Um poeta clandestino 139

Nota do organizador 143

POESIA ESCONDIDA E REVELADA

Eram quatro pastas de poesias escritas, reescritas, anotadas e mesmo anuladas, enfim, muitos poemas em várias versões. Chegaram pelo correio, em envelopes pardos: poemas em construção, poemas em movimento, poemas em formação (e de formação), alguns datados, de 1966 a 2002, salvo erro. Talvez por isso se justifique a frase de T.S.Eliot, escrita num pedaço de papel, encabeçando os poemas e que poderia tão bem nos servir de epígrafe ou orientação:

"Poetas imaturos imitam; poetas amadurecidos roubam."

Os dois poetas, o imaturo e o amadurecido, podem estar presentes em *Livramento*, como sugerem (alguns poemas são datados) as datas em que foram escritos. Ou o "aviso" já na primeira página, em tinta verde numa espécie de poema-explicação:

Este livro é vário —
gravetos, gravatas,
gavetas de um armário.
Não, não me chamo
Mário. Já fui Cláudio
Crasso, Flávio.
Hoje sou só silêncio,
um joão.

Como em *O país dos ponteiros desencontrados* (Agir, 2005), este *Livramento*, segundo título da *Trilogia de Aldara*, de João do Silêncio, seria antecipado, isto é, teria como introdução o segundo relatório da ABRALP (Agência de Busca e Recuperação de Autores e Livros Perdidos). Mas poupo os leitores deste texto protocolar para introduzi-lo com as minhas próprias e breves palavras.

João do Silêncio, como (não) se sabe, considerado o melhor escritor de um país chamado Aldara (cuja capital era/é Livramento), andou a vida toda pelo mundo, caixeiro-viajante de suas próprias aflições, exilado imaginário de um país (segundo alguns) igualmente imaginário. Para melhor compreendê-lo, um bom início é ler um dos raros textos escritos por ele em que há alguma chave ou pista sobre sua obra e personalidade. Transcrevo alguns trechos de "Depois de tudo", colocado depois do final do primeiro livro da trilogia:

Eu, João do Silêncio, passei décadas fora de órbita, trocando meu tempo histórico por um tempo, digamos assim, pessoal, como só o exílio interior e a literatura nos proporcionam; fora do meu país (...), fora do mundo e, se fora do mundo, com toda a certeza fora do pequeno mundo literário e editorial. Existe mais profundo exílio do que o auto-exílio? (...)
Sim, eu era o primeiro a me negar a publicar qualquer dos originais que iam se acumulando em velhos baús. Apenas escrevia, e isso já me bastava, pois viver para mim sempre foi escreviver. (...) Seqüestrados os originais de um velho baú abandonado, por (p)arte de misteriosos "detetives literários", como se abandonam os outros náufragos quando o navio vai a pique, eles, os originais, começaram a vir a público em cópias comuns e mais tarde via internet. Durante dez anos driblei o assédio de leitores, editores, agentes literários e jornalistas. Finalmente cedi, impondo minhas condições: meu nome não deveria sair na capa; jamais daria entrevistas nem seria fotografado, etc. (...)
Mas por que e o que significa esta trilogia, da qual O país dos ponteiros desencontrados é o primeiro livro, quem vai dizer não somos nós — e esse "nós" aqui não é um nós majestático. Para mim trata-se de um livro, não digo magistral que a modéstia mo impede, mas certamente vital, pois caso contrário, sendo o meu escrever um escreviver, fazendo uso da mania nacional de falsa modéstia, eu estaria na verdade cometendo suicídio.

E eu prefiro o silêncio; em sintonia com meu sobrenome, a única coerência que pratico é cultivar o silêncio o máximo possível.(...)

Por indicação escrita do próprio punho pelo autor, organizei a edição de *Livramento*. Acatei também sua sugestão de alterar os títulos da *Trilogia de Aldara*, só um pouco diferente do que consta no início de *O país dos ponteiros desencontrados* e no texto anterior.

Mas, como se sabe, não deixou, esse obscuro e curioso autor, obra publicada: deixou um rastro de originais espalhados por vários países, originais perdidos e que vêm sendo pouco a pouco recuperados. Minha função, que começou a se concretizar com a publicação de *O país dos ponteiros desencontrados*, tem sido a de tentar seguir as pistas deixadas mundo afora por João do Silêncio. Para tanto, ainda no final do século XX, contratei o escritório da ABRALP, agência única do gênero, dirigida pelo dr. Jean-Luc Carpeaux-Maigret e com sede em Paris.

Depois de recuperar o primeiro livro da trilogia, eis que me chegam os quatro envelopes com a "poesia escondida" de João do Silêncio. Coube a mim selecioná-la — escolher um poema de cada nove ou dez, em média — e encontrar certa ordem no caos dos originais.

Bom *Livramento* para todos.

Flávio Moreira da Costa

João do Silêncio

LIVRAMENTO
A POESIA ESCONDIDA DE
JOÃO DO SILÊNCIO

Trilogia de Aldara (II)

INTRODUÇÕES

PEQUENO MANUAL DO MÁGICO AMADOR

tiro peteca tiro meleca do nariz
tiro uma cartola do coelho
tiro um manifesto da gaveta
tiro um armário de cera do ouvido da sala
tiro uma tonelada da memória
tiro o mundo o medo das costas
tiro a luz-horizonte dos olhos
tiro uma serpente dos lábios
tiro os fusíveis os fuzis da cozinha
tiro o revólver dos livros da estante
tiro um filme da projeção do cartaz
tiro a bandeira do mastro
tiro os soldados da tropa
tiro desaforos de letra maiúscula
tiro o time de/do campo magnético
tiro o dedo do nariz
tiro os pés do chão:
                tiro
                e
                queda

EU E O POETA

Peço desculpas por mim
— de mim e do que me falta.
Sou feito de linhas cruzadas,
de ausências bem coordenadas.

Peço desculpas por ele,
poeta da poesia culpada
— que é feito d'outras almas,
— e finge que me/se respalda.

Peço desculpas enfim
por — presente — não estar
aqui, e — ausente — dizer
que sim, sim, ai de mim.

POEMAS PERDIDOS

escrever
escrever um poema
escrever um poema com todas as letras
com todas as letras depois de x, y, z

ora
a poesia não se escreve com letras
a poesia está em tudo
e este é o maior argumento
contra a poesia

gosto de escrever palavras
em envelopes usados
desde que não pardos

para depois perdê-los

(1993/94)

O CONTRÁRIO

> *A poesia é sempre, em certo sentido, o contrário de poesia.*
> Bataille

Emoção consentida
Emoção pressentida
Emoção contida
e

entonação mediana
intenção meridiana
metáfora galopante
dentro do corpo
do ritmo
em versos transversos
inevitáveis
lapidares:
bolas
balas
bolos
baleias
balelas
balões
Só tenho o espanto.
Antecipo o grito.

Eu quero o contrário.

COSMOS, CAOSMOS

"Caos.
Cosmos.
Caosmos."
Flávio Moreira da Costa, *O desastronauta*

Um verso: todo uni-verso.

I. POESIA/ TEORIA DOS BURACOS NEGROS

Trata-se da existência de um não-astro;
o espaço onde um astro pousou distraído,
e depois de uma vivência, evaporou-se.
Embora seu lugar permaneça —
e atraia para seu centro
tudo tudo o que em volta e em volta
passa: como o ralo da pia.
(Esperanças e danações e penas,
átomos e prótons perdidos no Infinito,
são sugadas ao se aproximarem.
Como nossas narinas atraem e
captam o ar e a poeira invisível.)
Não existindo, o Buraco Negro existe:
questão de se constar, questão
      de pulsar, pulsares.

II. A SUPERFÍCIE DO NÃO-RETORNO

Próximo ao Buraco Negro
existe uma superfície lisa e derradeira
— a Superfície do Não-Retorno.
Para onde vão todos os mitos,
todos os matos, todos
os astros desastrados e distraídos
que por perto passarem.
Momentos, monumentos, alimentos
e ressentimentos passados
como estrelas de primeira grandeza
— tudo cai e não se sabe
se tudo se transforma.
Mas a vida é do outro lado,
suspeita-se. Do lado de lá
do Buraco Negro, a vida
— a mesma vida?

Um universo como verso
  e reverso
    ou
vice-verso

      adverso

(1971)

LIVRAMENTO

A palavra Vento,
a palavra Liberdade,
cabem nesta palavra:
        L i v r a m e n t o

I

eu vim de longe lá do sul
eu vim do frio e vento eu vim
tentar a sorte amiga
adiar a morte aflita
na cidade grande
grande
susto de cimento armado
armados olhos
desarmada alma

11

Com o que sinto não brinco:
gato arranhando o peito
— um desconforto. Conforto
de estar ao menos vivendo.

Onde estão meus santos
da infância de barro?
Onde os andores as dores
calores de pé-no-chão?
Faz falta um tempo rasgado
faz falta campo ou coxilha
rio ou riacho
para o mergulho abraçar.
Onde a chuva que esquenta
pois não fria, de verão?
Onde o sorriso tão fácil
no rosto, corpo, canção?

III

        vai
e vem
vem e dá
a volta por cima
e pousa na cabeça do poeta
        contrabandista
        prometeu atarantado
        ulisses desarvorado
        sísifo acorrentado

poeta com
    sem
vergonha na cara
        poeta
municipal de Sant'Anna
do Livramento condicional
em que vive escreve e ama

eis que vem
e vai
e volta
a nuvem das horas
de um poeta vago com
cinco buracos na cara
e uma cratera na alma!

IV

venha vento
vinda a vida
minha tua
estrada
vento à toa
vento avoa
n'asas
do passarinho
— alma-de-gato?

enquanto
venta a vida
venta
a dor a
ah!legria

V

Ali do Alegrete a voz de Quintana cantava:
O vento vinha ventando pelas estradas da vida,
pelas cortinas de tule o vento vinha ventando,
e o vento ventava o minuano soprava
    soprava soprava:

Sol chuva frio e vento
    O vento vinha ventando,
      Sant'Anna do Livramento
Sant'Anna do nascimento.

A palavra Vento,
    a palavra Liberdade,
    cabem nesta palavra:
    L i v r a m e n t o

PRETO E BRANCO, VERMELHO E VERDE

GRAVURA CHINESA

risco
ave
vôo
imagem

a ave não voa à toa
livre o risco de seu vôo
o risco de valer a pena
imagem de uma ave boa

ave
risco
imagem
vôo

a imagem de uma ave boa
o risco de valer a pena
livre o risco de seu vôo
a ave não voa à toa

imagem
ave
vôo
risco

(1969)

DESENHO A NANQUIM

Aqui estás agora e executas
    um gesto.
Quem te desenha à noite
    nesta hora?
Quem com nanquim traça
    teu perfil?
Que mão é esta que pinta
    um azul
um azul na escuridão?

O quadro é sombrio
mas haverá uma luz
haverá uma cruz
    dentro de ti!

(1969)

O HOMEM INTERNO

Há um homem dentro de mim
que habita minha cabeça.
Padre franciscano e bruxo,
há um homem dentro de mim.
Há um homem dentro de mim
que não se liberta jamais.
Um duende da Idade Média —
há um homem dentro de mim.
Há um homem dentro de mim
que não me liberta jamais.

> Um
> homem
> manco
> e
> cego
> e
> mudo
> e
> surdo
> dentro
> no
> fundo
> de
> mim.
>
> *(1969)*

IDADE MÉDIA MODERNA

Cantochão em chamas.
Horror à nossa volta.
Em Abruxardas bruxas
confessam os crimes
que não sabem
e desmaiam.
Em Aldara, grilhões:
bocas e gritos
se abrem e logo se calam
para sempre.

Escuto ainda o cantochão,
não sei se morto ou vivo.
Ah!, não, ainda vivo
(posto que escrevo).
É resistência ou privilégio
saber cantar
em plena fogueira?
Silêncio em chamas.

DESCALANTO

Há um choro feito de canto,
de alegres penas perdidas,
o canto das despedidas:
um canto feito de pranto,
de amor e de desencanto

um grito de assassinado
quebra a rima, quebra
o ritmo
acalanto
desacalanto
descalanto.

(1964)

CARTAGO

tudo convém
tudo advém
da situação
d'além
túmulo
da condução
pr'Além
Paraíba

tudo convém
tudo desvém

tudo se desvenda
tudo está à venda
melhor o soneto
do que a emenda
nem história nem lenda
Cartago delenda
est.

HÁ SEMPRE UM POEMA QUE NÃO SE PODE ESCREVER

O mundo cai em pedaços e o poeta veste seu sentimento lírico.
Nada mais acabado e descabido.
A salvação da lavoura é o homem cuidar da terra,
o homem poluído!
Na guerra de bactérias peguei um vírus
— lirismo são anticorpos.
Pobres e crianças morrem de guerra ou fome
— a história da humanidade?
O Brasil termina em outubro — ou termino eu?
A dívida externa é como pecado capital:
ninguém consegue evitar ou pagar.
Já a dívida interna — bem, isso é cá com meus botões.
A palavra "crise" nos dicionários: palavra morta.
A palavra "crise" no meio da vida: palavra viva.
A angústia dói no bolso
da alma.
A política externa fica muito externa a nós.
Já a política interna...
Sou um animal apolítico: eis minha política.
Minha política é a do sistema
nervoso.

Lírico participante, vou fundar
o Partido da Política do Humano.
Simples e fundamental como a água:
ninguém será candidato a nada,
todos serão candidatos a tudo.

(1977)

UM POETA EM NUEVA YORK

Meu olhos procuram o verde,
onde, como encontrá-lo?
O verde eu quero,
eu-quero-o-verde-que-te-quero-verde,
García Lorca. Outro
poeta em Nueva York,
lamenta o cinza-marrom-amarelo
dessa cidade.
Nessa cidade de lamentos grandes,
nessa cidade de vermelho sangue,
necessidade de sair do mangue
de não ser bosque mas supermercado,
supermarcado pelo superconsumo
— eu quero o verde que te quero verde.

(Esta noite eu sonhei com o Amazonas:
era uma gigantesca highway/auto-
estrada com palhoças ao largo.)

(Nova York, 1972)

NOITE ASSASSINADA

Olhos acesos na noite
procurando esperança.
Olhos acesos na noite
esquecidos de lembranças.

Esta noite assassinada
num banheiro, numa escada
de terrores escondidos,
de escusos mal-fazeres
(de prazeres coloridos!)

No Rua 8, East Side
meus olhos apagaram:
me mataram.
No dia seguinte levei meus ouvidos
 até o Harlem para
ouvir jazz.

(Nova York, 1971)

NOITE DE NOITE

Noite de noite, escura
noite
em claro.

É realidade ou mera imagem
o poema que, sem saber
como, se incorporou a mim?

É meia-
noite
e leio
um poema de Cesare Pavese.

(1971)

À BEIRA DA NOITE

O que faço aqui senão visitar
as histórias, as memórias
de tempos e templos
consumados, consumidos?
O que faço aqui senão alisar
o nervo da existência?

Que nome dar a este sentimento
ácido, diáfano, difuso?
Com que nome-roupa vestir
o desconhecido refrão?
Inspirar a poluição,
respirar a agonia.
Alcançar o inatingível
em dia em que for luz.
E como proteger os olhos?
Os olhos: as setas
que varam o invisível.
Presença será isso:
olhar, olhar o alvo?

(1969)

A LUA NO BOLSO

Trago a lua no bolso
para iluminar o caminho
dos amigos da madrugada
e os olhos das bem-amadas.

Calada na calada
da noite
me calo.
Depois converso
com as estrelas.
Ora, direis...
Certo, perdi o senso
mas não perdi
a luz:
trago a lua no bolso.

(1983)

CORAÇÃO MANCHADO DE SANGUE

Coração manchado de sangue
do enfarte que não tive.
A morte habita meus olhos
— esta dor surda tão louca
de fome, sede, de vida.

Coração manchado de sangue;
eu, exangue — morte e vida,
Vida, vida cerebrina. Tanta água
neste fonte e eu sem água na boca.

Coração manchado de sangue,
esse desenho de música,
espanto de ter mais nada.
Esta luva que me veste,
me põe nu em pleno inverno.

Carpinteiro dos meus ais,
vou vestir de verde a vida.

(1972)

VESTIR O VERDE

Vestes o verde do futuro
cansado de ser-por-enquanto.
Organizas tua lida,
deixa o choro no caminho.

No final do corredor tem uma vela!
Depois da Idade Média Moderna
encontrarás o verde.
Descansarás então.
Por enquanto, caminha.

(14/4/1971)

VERMELHO E VERDE

Espessa rua assim não vejo quantos
passos tenho que dar — dei e darei.
Por onde for, e enquanto anda comigo,
no rosto, nestas pedras — desatino.
Viver é tão-somente (não) cismar,
trabalhar, descansar e pagar contas;
atravessar a rua, andar e ver;
os outros também vivem — ó viver!
O sinal vermelho aguarda a liberdade
do verde — além dos carros, outra rua.
E o sol às 12 horas bate em cheio
em minha fisionomia toda nua.

Mas sinal verde acende
e rápido vou-me embora
pensando em Kaváfis.

O LADO DE DENTRO, DE FORA

"Come, my songs, let us express our baser passions."
                                             Ezra Pound

O SILÊNCIO É UMA MÚSICA DE MOZART

Sem ter mais o que fazer,
me ocupo comigo mesmo.
"Mas que tédio!", diria Sá-Carneiro
e Manuel Bandeira me sugere
tocar um tango argentino.
Olho para a parede suja à minha frente
à procura da velha Verdade dos filósofos.
Não a vejo. Sei onde está a Mentira.
Desligo a televisão. O silêncio
é uma música de Mozart.
Ponho a mão na cabeça
e nem sinto a consciência.

Fora do lado de dentro de mim?
Visto uma camiseta e calço chinelos.
Estou preparado para a luta — batalha
de mim comigo mesmo.

De qualquer forma, serei o vencedor.
De qualquer forma, serei o perdedor.

(1989)

MEU CORAÇÃO

Meu coração é municipal.
Meu coração é estadual.
Meu coração é federal,
federal e internacional.

Meu coração é popular
como as velhas ruelas escondidas.
Meu coração é popular
como os botequins embriagados.
Meu coração é popular
como a retórica da malandragem.
Meu coração é popular
como o riso e o choro presos
de almas penadas e mal-amadas.

Meu coração é internacional
como os velhos dramas suicidas.
Meu coração é inconstitucional.

GRANDE E PEQUENO

Sou homem de cidade grande.
Nasci numa cidade pequena.

Morreu em mim o menino
que correu — corria
pelos campos de pé no chão

Sinto saudade do verde,
de mim e do que me foi.
Saudade das tardes vadias
e vazias de tantas
saudades de mim.

Natureza morta, natureza viva:
Que sentimento é este, invisível,
celofane a me embrulhar por dentro?
Ao me ver ontem, me olhando hoje,
Não me encontro.

Talvez a noite amanheça
mais madura.

CANÇÃO DO EXÍLIO DE UM QUARTO DE HOTEL

Tenho cinco francos no bolso
e muitos livros para comprar
e muito amor para viver e
a própria vida que me falta.
Domingo num hotel em Paris
e a vida anda *trop vite, mon ami*.
Para onde ela vai? Junta-se
uma palavra a outra e eis a frase.
Frase com frase, faz-se o poema
e o poema faz esquecer este
domingo num hotel de Paris
com cinco francos no bolso.

(Paris, 26/2/1967)

A ORDEM DAS COISAS

O homem veste a roupa
que o aquece e esquece
a vida que é pouca.

A roupa veste o armário
que a guarda e aguarda
com voz muda e mouca.

O cupim veste a madeira
que corrói e destrói
a matéria que é louca.

O verso veste a palavra
que o disfarça e propaga
em dor
           poética e rouca.

TIRO AO ALVO

Aponta a ponta
do fuzil.
Ensaia o alvo.
Se errar,
é por um triz.

Risco de bala
é aço:
do lado de lá
o corpo cai.

(1971)

UM SEGUNDO E MEIO

> *Viver a vida não é atravessar um campo.*
> Boris Pasternak

Leva-se um segundo para nascer.
Leva-se um segundo para morrer.
E a vida toda é um vale
de sangue, suor e lágrimas.

Mas viver a vida, sim, pois
não vivo a vida em vão
porquanto a própria vida
vive em mim certa canção.

Viver a vida não é atravessar o campo.
Viver a vida não é atravessar a rua:
o espanto o encanto em cada canto
nos espreita e assusta e por enquanto

a vida dura um segundo
e meio — mas como dura!

ROSTO DO POETA

Quando o poeta ama,
o próprio amor é esquecido.
Enquanto o poeta canta
— quem tem ouvidos?

(A poesia é uma frase flutuando na distração do poeta. Apenas um risco no ar, um cisco no olhar. O poeta pesca, pega, cata as palavras. Palavras, frases, fonemas, poemas unificados em música, pois é a música que vale a pena no poema:)

poesia é carretel
poesia é carrossel
poesia é processo
poesia é acesso
poesia é recesso
poesia é motor
poesia é horror
poesia é tambor?

Ora, poesia é coisa muita e pouca,
ela escorrega e se senta
no espaldar da varanda
"Quem mora nesta casa?
Um príncipe ou capitão?
Soldado ou ladrão?
Quem, nesta casa morando,
fecha a porta à poesia?"

Poesia é coisa muita e pouca:
É a roupa de se vestir por dentro.

Enquanto isso, o poeta vai até a janela e grita:

— Meu rosto caiu

    lá

        em

              baixo!

RECEITA

Segure a ponta da linha,
retire-a do carretel.
Corte a linha com os dentes.
Coloque-a no oco da agulha.
Assim, atravesse o fio
da vida
na pele lisa do tecido.
Depois,
costure, costure, costure
a mortalha, vestido
do tempo, do tempo, do tempo.

12/11/01

O ESPIÃO

espio
no espelho
o espião
que existe
em mim
mais ei-lo
que logo
se esconde
atrás
da imagem
que espio
em mim

e a imagem
revela
que meu duplo
sou
eu mesmo

(1984/1989)

PERDIÇÃO

Quem?
Quando?
Por que?
Quando, meu Deus?
Onde, onde?

— Ah!! quanta e quanta perdição!
De tão perdido só me encontro
na Seção de Achados e Perdidos!

—Ora, quem segue
e prossegue
e consegue
voltar ao lugar
perdido,
nunca se perdeu!

O SOL DOS SONHOS

> *O sol dos sonhos derreteu-lhe as asas.*
> *Miguel Torga*

o sol sol
-ve
o mundo e eu

o sol dis-solve
o dia
e rola
    a sós
    solar
sol a pino
sol a pino

o sol
embaixo
alucina
a luz sina
e assassina e
ilumina:

aluna a luna
    a lua
      em cima
e toda nua

O MOVIMENTO DO VENTO

Quando caminho, caminho comigo mesmo;
caminho em mim, caminho dentro de mim
— caminho sem fim e sem mim.
Ultrapasso tempos, varo distâncias,
paisagem em quilômetros.
Ando.
Passo firme ou macio,
passo a passo:
e passo e nesse compasso
ultrapasso
a parte de mim que segue em frente,
a parte de mim que fica atrás
— maratona de mim mesmo.

Quando caminho, caminho comigo
e são só duas pernas e o sentimento
do medo e do mundo a costurar
grãos de areia e infinitos infinitos.
Água e ar escorrem por mim,
pão e mel brotam das pedras:
quando caminho, caminho sem fim.

Eis, pois, a história:
o movimento — o movimento do vento
que sopra e empurra e ultrapassa
e passa sempre invisível, e parado:
dentro de mim sentado.

NA PELE DA VIDA

manchas
na pele
da vida
lamas
escamas
sol e
lençol
flores
odores
senhores
são tantas
e mancas
manchas

pingo e ponto
coração composto
coração arranha
manhã
e manha
na pele da vida
manchas

(1969)

AMOR E MEDO

O amor dentro da gaveta.
O medo dentro do peito.

Vida cai em cachoeira.
Morte à espreita na janela.

O amor dentro da vida.
O medo dentro da morte.

(1970)

CONSUMO DE VIDA

Conheceu o trabalho.
Pouco viveu.

Conheceu o sexo.
Não foi livre.

Conheceu a Lei.
Foi prisioneiro.

Conheceu a Lógica.
Foi internado.

Conheceu o amor,
cercou-se de ódio.

Percorreu as retas do caminho.
Morreu na curva da estrada.

(Berkeley, 1978)

IMPERFEIÇÃO

Ora, me visto como me visto:
sou um poeta antigo
e, moderno,
preencho as horas
vazias de mãos,
esvazio a emoção que me sobra,
preencho a palavra que me falta.
Sou poeta incompleto? Completo
a palavra que me sobra.

Sou um poema imperfeito,
tropical.
Sou um pequeno defeito,
pedra e cal.

Me visto como me visto.

(1969)

LINHAS E CORES

Minha poesia é como os barcos brancos
parados nas enseadas azuis ou
partindo para descobrir américas
impossíveis.

Minha poesia é como o andar dos bêbados
aéreos, etéreos, eternos e que
por linhas tortas procuram a linha reta
em vão.

Minha poesia é como o caminhar dos ventos
frios e quentes e longos, a zunir e
a cruzar cordilheiras, saaras, himalaias
irreais.

Minha poesia não faz poesia
com as coisas que a poesia faz
da poesia das coisas devagar e
poéticas.

Minha poesia é com'andar ao léu
sem linhas retas a se cruzar.

POESIA CLANDESTINA

VERSOS SOBRE VERSOS

Eu faço versos como quem lança
rede ou anzol
Eu faço versos como quem joga
dados ou pôquer

1

Persigo a poesia. Não a alcanço.
A poesia me persegue. Não a escrevo.
Nem um verso para (me) ocupar as horas.
O tempo, não se perde nem se ganha:
se adia. Vou até a janela.
O mar termina no horizonte.
E o horizonte, onde?

2

Faço poema como quem dá um passo
em falso. Perco o equilíbrio,
o poema resvala e cai comigo
na calçada.

3

Persigo a poesia
exposta
nestas palavras
    dispostas
nestas palavras
    compostas
nestas palavras
    comportas
nestas palavras
    cortadas
nestas palavras
    coitadas
nestas palavras
    cansadas
nestas palavras
    casadas ah!

tantas
    e tantas
        e tolas
            e todas

pa-la-vras dentro do homem
guardadas
        longe dos homens
perdidos.

4

Poema simples, versos comuns.
Poesia solta na praga do tempo,
do tempo no poema, descansado,
de mãos no bolso, pés no chão.
Poema presente e passado
a limpo.

5

Minha mão sozinha escreve o poema que não escrevi.
Conduz letra a letra, palavra a palavra — a tinta é azul.
O que tenta dizer esse poema manual?
Observado, a mão hesita e o poema se retira
sem nada dizer. Ficou o aviso: ele não veio,
não chegou a existir.

6

Escrever o poema que ninguém escreveu.
Depois guardá-lo.
Escrever o poema que ninguém leu.
Depois rasgá-lo.
Técnicas inúteis: não seria poema,
apenas emoção passageira.
(O lugar do poema é pequeno:
só o ego é grande.)

7

Há poemas nascidos e poemas construídos.
Qual deles agora se anuncia pela janela?
Ah, sabe-se lá o que me vem pela frente!
Antes que se aproxime, interrompo-o no ato.

8

(No restaurante. Garçons atendem fregueses
plenos de apetites libidinosos.
Eu bebo. Penso nas mulheres
que não estão no cardápio.
Eu bebo: energia escorrega pelos dedos,
caneta, guardanapo.
Saber poesia é não fazê-la:
só a escrevemos para melhor conhecê-la.)

9

solte a poesia os versos os galhos
dos seus cabelos
solte esses músculos esse usos
dos meus dedos braços mãos
solte esse peso clamor aceso
da minha cabeça toda inteira
solte essas carnes direções sentidos
das minhas pernas navegantes
ah solte esse corpo do meu teu corpo
e que a li-ber-da-de não se revele
apenas a palavra liberdade

1 0

Volto à poesia como a rês
ao riacho.
A poesia de transviver e transmorrer
resgato imagens pastoris
para melhor escrevê-la.
Mas, o que mesmo escrevo? Ora,
a poesia saiu em campo
     e voltou
como a rês ao riacho.

1 1

pássara nuvem fantasma
poesia auto-móvel: vai e vem
ei-la que paira
no branco da lembrança dos meus olhos
e tenta chegar às pupilas essas meninas
dos olhos de verão então
de novo e veloz
ela bate as asas e vem pela janela
e desfaz-se o poema no meio
como se pudesse pousar descansar

12

A poesia não se mistura mais
nos meus cabelos.
A poesia não invade mais
a minha casa.
A poesia não veste mais
as minhas roupas;
não fala comigo nem assiste
televisão na minha sala.
A poesia
não folheia mais meus livros
de poesia.
A poesia não se esconde mais
por entre as plantas nem
se agita nas gaiolas.

— Terá adormecido na minha cama desfeita
ou embarcou em um avião de carreira?

AS ARMAS E OS HOMENS

canto
as armas e os barões
canto
as armas e os varões
canto
as armas e os homens
canto
despreparado
canto
desidratado
canto
disparatado
canto
desesperado
as armas e os homens

Nem antigo nem moderno
nem carne nem peixe
canto — do meu cantinho —
o ho/mem partido ao meio;
canto o ho/mem e a arma que ele construiu e
que a ele destruiu.

Eis-me: nu
e com o dedo na ferida.
Ho/mem, sou o que sinto
— mais do que isso não sei.
Pequeno-burguês desclassificado
por destino ou revolta,

sou o que sinto e minto.
Mas pode um burguês
pequeno e desconfiado
cantar o homem e a emoção
de um futuro já passado?
A máscara
e
o cárcere
guardam a sociedade.
Não, não canto as armas
e os homens — ah! Memória!

UM SUPERMERCADO DA CALIFÓRNIA

(poema de Allen Ginsberg)

Muito tenho pensando em ti nesta noite, Walt Whitman, caminhando pela calçada, sob as árvores, com uma incômoda dor de cabeça e olhando a lua cheia.

Em meu cansaço faminto — e fazendo compras na imaginação — fui ao supermercado de néon & frutas, sonhando com tua lista de compras!

Que pêssegos e que penumbras! Famílias inteiras nas compras noturnas! Corredores cheios de maridos! Mulheres nos abacates e bebês nos tomates — e tu, García Lorca, que fazias diante dos melões?

E te vi, Walt Whitman, sem filhos, velho e solitário comilão, a apalpar carnes no refrigerador e a lançar olhares aos jovens vendedores.

Escutei tu perguntares a todos eles: quem matou as costeletas de porco? quanto custam as bananas? quem será meu anjo, você?

Vagueei por entre as prateleiras brilhantes de latas, seguindo teus passos e, em minha imaginação, sendo seguido pelo segurança da casa.

Percorremos os grandes corredores, juntos em nossa solitária fantasia, provando alcachofras, pegando todas as delícias congeladas sem passar pelo caixa.

Para onde vamos agora, Walt Whitman? Dentro de uma hora o supermercado fecha as portas — e qual é o caminho para onde tua barba aponta?

(Toco teu livro e sonho com nossa odisséia no supermercado — e me sinto absurdo.)

Caminharemos a noite toda por essas ruas solitárias? Árvores acrescentam sombras às sombras, luzes saem das casas, estaremos ambos sozinhos.

Andando e sonhando com a América perdida de amor, passaremos por automóveis azuis no estacionamento a caminho de nosso solitário refúgio?

Ah!, querido pai de barbas cinzentas, velho e solitário professor de coragem,

que a América te conheceu quando Caronte desistiu de empurrar seu barco e desceu à margem enfumaçada e ficou vendo desaparecer o barco nas negras águas do Letes?

(Berkeley, 1955)

UM SUPERMERCADO EM COPACABANA

Não vejo vantagem alguma, Allen Ginsberg, em você ficar cantando um supermercado da Califórnia; não vejo vantagem alguma porque aqui em Copacabana é só descer pelo elevador e tenho dois supermercados lá embaixo, um do lado do outro. É só optar e entrar.

Pois, entro — a fim de garantir a refeição ligeira de um feriado.

Vou entrando e não me lembro, como você, Allen Ginsberg, do poeta Walt Whitman; me lembro da fome, da minha fome apolítica e brasileira.

Observo a prateleira com bebidas alinhadas, bebidas que acenderiam a sede e a tentação do seu amigo Jack Kerouac e do meu amigo Nelson Cavaquinho.

Passo por diversas latas, tantas que quase digo "latas enlatadas".

E pelas frutas em technicolor, muitas delas vindas da Argentina, pois você não sabe, Allen Ginsberg, mas nosso homem do campo deve ter preguiça de plantá-las ou então não sobra mais terreno neste país pequeno.

Ah!, sim, o panorama rubro-verde dos vegetais verdes e dos tomates vermelhos — de vergonha talvez.

Vermelha também é a carne exposta — e não me pergunto qual a mão assassina que matou esta ou aquela rês. Ponho no carrinho sem problemas de consciência 1/4 de quilo de alcatra e sigo em frente.

Volto às frutas — não vou esquecer dos figos eróticos.

E queijo, café e açúcar.

Caminhemos, Allen Ginsberg — sim, mas para onde vamos, para onde tua barba aponta?

Ora, vamos para a fila a fim de pagar as compras, terminada a expedição. E pergunto a ele:

— Me diga uma coisa, Allen Ginsberg, como é que com um supermercado tão grande como este alguém possa dizer que o povo sente fome?

— Porque o gerente — me responde o poeta — obriga as pessoas como você a passar pelo caixa.

(Copacabana, 1970)

VERSOS DO MUNDO

> "À tinta e a lápis,
> escrevem-se todos
> os versos do mundo."
> João Cabral de Melo Neto

SONETO DE GÔNGORA, MORTE E INFERNO

Urnas plebéias, túmulos reais,
Penetrai sem temor, memórias minhas,
Por onde já o verdugo dos dias
Com igual pé dá passos desiguais.

Revolvei tantos vestígios dos mortais,
Ossos desnudos e cinzas frias,
Apesar das vãs, talvez pias,
Preservações de bálsamos orientais.

Descei logo ao abismo, em cujos seios
Blasfemam almas, e em sua dura prisão,
Ferros se escutam sempre, e pranto eterno,

Se quereis, ó memórias, ao menos
Com a morte livrai-nos da morte
E ao inferno vencei com o inferno.

(Poema de 1612)

ELE E OUTROS POEMAS

Augusto augusto poeta
se a mão que afaga e afaga
é a mesma que apedreja
ah! não escarra
nesta boca que te beija

pois
micróbios e abutres
ameaçam o verso que adeja
eu e outros poemas

você e outros poemas
nós e outros poemas

(1991)

O INVASOR DAS SOMBRAS

Visível e invisível, o vagão do horizonte
responde à voz das ilhas e
nos braços da estrada nos chama.
Não, eu não vou à deriva;
em volta gira o mundo.
Leio minha história como o guarda noturno
lê a chuva. Segredos possuem
margens, estratagemas, atrações.
A minha vida — habitante sorridente
da minha vida, da minha paisagem —
não tem fechadura na porta.
Não me preparo para a morte.
Conheço a origem das coisas:
o fim é a superfície onde viaja
o invasor da minha sombra.
E eu não conheço as sombras.

(Tradução-homenagem - de Salvatore Quasimodo)

POEMA AMOROSO DE LUIS CERNUDA

"Minha terra?
Minha terra és tu.

Minha gente?
Minha gente és tu.

O exílio e a morte
para mim estão onde
não estejas tu.

E minha vida?
Diga-me, vida minha,
que(m) és, se não tu?"

A LIRA DE JOYCE

I

Cordas pela terra e ar
compõem doce música;
cordas ao longo do rio
onde as sarças se encontram.

Música existe na margem do rio
para que o amor por ali passeie;
pálidas flores em seus mantos,
escuras folhas nos cabelos.

Todas de suave execução
e com cabeças a se inclinar
para a música; e errantes dedos
tocam/retocam um instrumento.

II

O dia inteiro escuto o marulho das águas
a gemer.
Triste e solitário como a ave marítima partindo
pra longe,
a escutar o choro dos ventos devido à monotonia
das águas.

Ventos cinzas, ventos frios sopram
onde estou.
Escuto e ouço o rumor de muitas águas
para onde vou.
O dia inteiro, a noite inteira ouço-as andar
pra lá e pra cá.

(Tradução-homenagem)

OUTRO PESSOA

Baixa teu manto sobre nós, ó Álvaro de Campos!
e fala do meu espanto com o teu espanto!
À nossa volta vejo fantasmas e fantasias,
e os homens continuam morrendo no campo
e na cidade, morrendo...

Venham
volta antes que seja tarde
ó Álvaro de Campos: o mundo perde fôlego
e meu coração disparou fazendo cooper
na avenida.

É meia-noite em pleno meio-dia:
abre as asas sobre nós, ó Álvaro de Campos,
e ilumina a liberdade
que não se enxerga
mais!

PESSOA PESSOA

O que fica em cima das águas
é a água,
a água
que fica em cima das águas
e assim ela não deságua
não se afoga não evapora
a água
em cima das águas.

"Ou seja a selva escura
Ou seja um Dante mais diverso.
A alma é literatura
E tudo acaba em nada e verso."

Ou seja, Pessoa e seu reverso,
pessoa e seu universo —

FOTOGRAFIA 3 X 4 DE EZRA POUND

Só o rosto:
mapa e mina,
pergaminho.
Olhar acuado,
barba rala
e branca.
Poesia? Não
se vê. A não ser
nos olhos,
de mansinho:

"Vai, pequeno verso,
Vai em frente e que se dane!
Vai, em tua limitada esfera."

POEMA MARIANO

Há uma gota de orvalho em cada poema.
Há uma gota de vinho em cada poema.
Há uma
    g
    o
    t
    a
de sangue em cada esquina,
a espreitar o poeta e seu poema —
amar é um verbo intransitivo,
diz o

solitário
solidário
sol e Mário
de Andrade.

MÁRIO QUINTANA

I
Tira tuas asas
e senta-te nesta mesa.
Vamos comer hoje
uma feijoada brasileira.
Vem, conta-me tuas penas
que eu falarei das minhas
— sem poemas.

II
Quem faz um poema abre uma janela.
Respira o coração que nele se encerra.

III
E o poeta bate as asas e desaparece.

NO MEIO DO CAMINHO

(Para CDA)

No meio do caminho tinha uma árvore
tinha uma árvore no meio do caminho
tinha uma árvore
no meio do caminho tinha uma árvore.

Nunca me esquecerei desta árvore que os homens
cortaram como a uma artéria inútil e fatigada.
Nunca me esquecerei que no meio do caminho
tinha uma árvore
tinha uma árvore no meio do caminho
no meio do caminho tinha uma árvore.

MEU TEMPO É QUANDO

> *Nasço amanhã.*
> *Ando onde há espaço.*
> *Meu tempo é quando.*
> Vinicius de Moraes

Minha vida é quem.
Minha palavra é quê.
Meu espaço é onde.
Minha morte é qual.
Meu tempo é quando,
por enquanto.

(1990)

UM PLANETA SOLITÁRIO CHAMADO BORGES

Ele vê a vida através de suas páginas e usa um binóculo para enxergar o tempo. Depois, costuma pesá-lo numa balança, com um olho no padre Brown e outro na velha ampulheta. Aprendeu a tocar música clássica ao piano, usando como partitura um poema de Coleridge ou um livro aberto de Schopenhauer. Muitas vezes joga xadrez com a Morte. Mora dentro de uma grande biblioteca, a de Babel, em Buenos Aires, bairro da Nova Inglaterra, mas é na realidade um planeta solitário. (Claro, John Donne, nenhum homem é uma ilha.) Cego com luz própria, compositor de milongas, iceberg de uma saga islandesa, o mesmo e o outro, ele é um astro distraído.

(1980)

A CIÊNCIA DOS ADEUSES

"Pelas noites plangendo, cabeça nua,
aprendi a ciência dos adeuses."
Óssip Mandelshtam

ALDARA ALDARA

& quando abre a boca os pombos voam
   e vão pousar nos dedos em ninho

& uma garota recita poesia,
outra ama um nativo latino,
make-up de mel em volta dos olhos,
pernas fofas e brancas.
Longe da praia, perto do coração

& cidades que eu já conheci
de algum lugar da infância.
Ah, que saudades do verde!
(Eu iria morar na selva,
se não existisse Aldara.)

& país baldio, país vadio,
em continente perdido
continente partido
continente definido
— mas por que esse ar sisudo?

& essas habitações foram construídas
pelos bisavós de seus bisavós.
Aqui se vive em compartimentos,
tudo adaptado, sem muito espaço.
(Só os nobres moravam bem,
mas Versailles era um exagero!)

& não, não há como reclamar:
nós somos os herdeiros.
(Mesmo assim: que cultura é essa
que se afastou da vida cotidiana?)
Respeitar nossos avós, mas
construir um outro mundo.

& o mundo exige que se construam computadores,
mas talvez prefira a calma desses bares e lares
à supercivilização dos supermercados.
Porque um poema Rimbaud é mais bonito
que o último boletim da Bolsa de Valores.

& Aldara, berço e cultura
— com piano e nostalgia.
ALDARA, mundo de velhos
com muitas crianças
dentro de mim.
Ao Deus darah
mas o que dará Deus?
Al-darah
irás renascer?

(Barcelona, 1972)

ANA MARIA ENTRE A CRUZ E A LUZ

Mistério se destila em tristeza,
luto — negro pesadelo é cor do sonho.
Ah!, para que, acordado pelo pássaro
das lembranças, pensar e escrever
sobre alguém sem mais tempo
de viver?
Sim, por que (nessas asas da memória
que é a vida, enfim disfarçada)
evocar a enterrada morte?

Simples e de coração
tão grande,
maior que as marcas
que a vida lhe imprimiu,
terna menina
dentro da mulher escondida.
Perfeição é imperfeição
partida ao meio
pela tragédia e opressão.
E ela, tão intensa,
para além da resignação.

Triste aprendizado o nosso:
                    vivemos escondidos
dentro do ser humano
até que a morte nos perceba —
na vida curta que passou em vão.
(Em vão? Curta é toda a longa vida.)

Ana Maria, entre a cruz e a luz,
chega no meio da noite, irmã,
como este pássaro da lembrança,
ave da ausência. Mas não choro:
escrevo poema não-poema
até a ave levantar vôo — eu,
sentado numa cadeira branca,
da cor das horas da manhã.
Só a paisagem é colorida.

*(Em memória de Ana Maria Alves
Moreira da Costa — 13/1/1989)*

FUTURISMO PÓS-MODERNO

Quando eu morrer, soem saxofones,
batam tambores e tamborins.
Façam acender nos céus fogueiras,
chamem drogados e arlequins.

Que o meu caixão vá sobre um carro
de alegrias e carnavais.
A um morto e bamba nada se recusa:
Eu quero por força ir de samba.

(Pastiche de Sá-Carneiro: "O fim")

MORTE E VIDA POESIA

Não vou me matar aos 26 anos
como o poeta Sá-Carneiro.

Não vou me matar aos 30 anos
como o poeta Hart Crane.

Não repetirei o gesto
de John Berryman e Silvia Plath.
Não tocarei flauta
na tíbia de Maiakóvski,
nem fugirei para as Arábias como Rimbaud

Se preciso
largo a poesia,
visto outras roupas
— em nome da vida,
em nome da vida.

(Berkeley, 1978)

ATÉ LOGO, POSTERIDADE

Sei que vou morrer
não sei o dia
levarei saudades
da Maria

Sei que vou morrer
não sei a hora
levarei saudades da aurora
                         da minha vida
daquela infância querida
que os anos não trazem mais

PS: Muito depois, por ocasião dos cem anos do meu nascimento,
haverá festas e comemorações nacionais.
Infelizmente não estarei presente.
Não serei convidado.

EPITÁFIO

Aqui
jaz
(faz
de conta)
um audaz
navegante
(ora sem
nau e mar)
que sempre
abraçou
o mundo
(ou só o ar
devagar)

Aqui
jaz
em som e sombras
(mercador
de ouvidos moucos)
o poeta e
um pouco
louco

                                    João do Silêncio

Requiescat in pacem

UM POETA CLANDESTINO

Carlos Felipe Moisés

O texto que se vai ler, escrito em 1978, na verdade, serviria como introdução a Poeta Clandestino, *versão anterior do que ora se publica com o título de* Livramento. *Na época, pedi ao poeta e crítico Carlos Felipe Moisés, que começava então como professor de literatura brasileira na Universidade de Berkeley (por onde eu passei uns dois meses), que fizesse a seleção dos poemas e uma introdução. Não consegui publicar o livro nos anos posteriores a 1978, embora continuasse produzindo romances, contos e antologias. Não parei de trabalhar os textos e de reestruturar o próprio livro: reescrevi os poemas, excluí alguns, utilizei outros em livros posteriores (*O equilibrista do arame farpado, O país dos ponteiros desencontrados, *etc.) e acrescentei alguns novos. Assim,* Poeta Clandestino *virou* Livramento. *Seria uma injustiça da minha parte deixar esta "introdução" de fora: tal a acuidade (e a generosidade) do texto de Moisés, que resolvi juntá-lo ao livro, desta vez como posfácio. Para lê-lo de uma forma atualizada, seria só questão, da parte do leitor, de ficar atento às datas e às pequenas informações, isto é, quando ele diz que fiquei vinte anos para publicar o livro, é só acrescentar mais uns... vinte anos; e quando fala das "quatro experiências ficcionais", basta aumentá-las bastante ou checar a bibliografia. (Em tempo: Carlos Felipe Moisés desconhecia, como eu mesmo, o fato de estes poemas, na verdade, não serem de FMC, mas de João do Silêncio, o verdadeiro Poeta Clandestino.)*

Flávio Moreira da Costa é gaúcho por acaso, desde 1942 ("Nasci de pé no chão/no Rio Grande por engano"), carioca por força das circunstâncias e cidadão-do-mundo por via das dúvidas. Das dúvidas, das aflições e da incontida sensibilidade que a vida lhe deu e vem sendo canalizada para uma respeitável obra ficcional: *O desastronauta* (romance, 1971), *Cosa Nostra: eu vi a Máfia por dentro* (ficção-reportagem, 1973), *As armas e os barões* (romance, 1974) e *Os espectadores* (contos/textos/drama, 1976). Ao longo desses anos — mas, na verdade, desde muito antes, desde a adolescência —, o ficcionista vem (se) escondendo (d)o poeta que sempre foi, e somente agora resolveu tirar da gaveta onde repousavam alguns de seus poemas, muitos dos quais o leitor é capaz de adivinhar, diluídos nos contos e romances.

Caso raro em literatura brasileira: um poeta que pacientemente aguarda duas décadas para estrear como tal; caso raro e privilegiado: depois de vinte anos, depois de quatro experiências no campo da prosa, depois de sofrer na pele e na alma a dura vivência de suas várias andanças pelo mundo (Porto Alegre, Rio de Janeiro, Nova York, Paris: seus quatro pontos cardeais), depois disso tudo, FMC pôde ganhar, em relação aos próprios poemas, uma equilibrada isenção de ânimo que dificilmente conseguiria, na altura, se tivesse estreado aos 18 anos de idade.

Esta coletânea, *Poeta Clandestino [Livramento]*, reúne uma pequena mostra de sua fértil produção poética e abrange um largo período histórico (não só sua história pessoal mas de toda uma geração), que vai do fim dos anos 50 à data de hoje. Isto quer dizer que a poesia de FMC é eminentemente autobiográfica, não no sentido do confessionalismo sentimental (perigo que sempre ronda sua extraordinária sensibilidade), mas enquanto testemunho vivido e comovido de seu tempo. Poesia participante, desde que não se atribua à expressão um sentido estritamente político-partidário; uma poesia que participa integralmente da vida que a cerca e que, humildemente, se reconhece como conseqüência de uma realidade histórica na qual, queira ou não, se vê inserida. Uma poesia que jamais perde de vista o apelo básico da comunicação e se recusa a ser mera manifestação de habilidade artesanal.

Por isso, a linguagem de FMC se caracteriza pela iminência do diálogo, não só pela constante presença do "outro" em seus poemas (que assume várias formas: o semelhante, a mulher amada, o próprio "eu" que se desdobra), mas também por seu tom indisfarçavelmente coloquial. Cada composição de *Poeta Clandestino* é um fragmento (às vezes fechado sobre si mesmo — mas quase sempre poroso, deixando entrever os motivos que o geraram) da interminável conversação que o poeta entretém consigo mesmo e com o mundo. A poesia praticada por FMC é uma forma de intercâmbio e convivência, sua maneira de se saber existindo, e existindo em companhia: o medo da solidão e o medo da incomunicabilidade são os espectros obsessivos que a percorrem de ponta a ponta — ora menos, ora mais ostensivamente.

Marcel Raymond, em estudo já clássico acerca das matrizes da poesia moderna (*De Baudelaire au Surréalisme*), distingue duas grandes linhagens entre os poetas de nosso tempo: a dos artistas e a dos *voyants*; aqueles, os que encaram o poema como objeto autônomo e a poesia como um valor em si — e estes últimos, os que consideram a atividade poética como uma passagem, um registro provisório de sinais que partem do humano e se endereçam ao humano. Como todas as classificações engenhosas, a de M. Raymond é atraente e... falsa, pois trata-se apenas de uma média ponderada, de tal modo que raros poetas poderiam ser filiados exclusivamente a uma ou outra dessas grandes linhagens. Mas FMC parece ser um desses raros: um poeta "vidente" ou "visionário" (na acepção de Raymond) cujos poemas denunciam verdadeira aversão à idéia da atividade poética como trabalho "artístico" ou "de laboratório".

Daí a contradição essencial deste Poeta Clandestino: uma consciência inquieta e dividida, marcada por permanente ceticismo, que resulta do conflito insolúvel (aparente?) entre a perspectiva do "homem" e a perspectiva do "poeta". Todos os poemas do "Livro Primeiro", aquele que dá nome a coletânea, o dizem, de um modo ou de outro, mas especialmente esse em que FMC se refere aos poetas suicidas (Hart Crane, Sá-Carneiro e outros), para concluir, incisivo:

> Não vou-me matar, como Maiakóvski,
> nem fugir para a selva como Rimbaud.
> Se preciso,
> largo a poesia,
> visto outra roupa
> — em nome da vida,
> em nome da vida.

Entretanto, a poesia o acompanha desde os 15 anos de idade, a poesia é a grande (única?) constante de sua existência, e o poeta, na verdade, não parece nem um pouco inclinado a se livrar dela... justamente "em nome da vida". Paradoxo? É que sobre/sob isso tudo paira um apaixonado sentimento romântico de apego à vida, nobre e generoso sentimento, que se expõe como um rio que corre entre duas margens: aqui, o desvario e a loucura de quem nada "sabe" e se revolta; além, a utópica lucidez e o niilismo da "sabedoria" total. E o poeta procura manter-se eqüidistante de ambas as extremidades, tentando o improvável equilíbrio, simplesmente para poder sobreviver. E para continuar a escrever seus poemas.

Por isso varia, e muito, o tom com que FMC enfrenta seu próprio enigma e os enigmas que o rodeiam (só não tem variado, parafraseando Camões, o modo como o poeta varia, ao longo desses vinte anos de criação poética): do enternecimento ao sarcasmo, do humor inconseqüente à austeridade da reflexão, do egoísmo fruidor dos próprios devaneios à revolta contra as injustiças do mundo, do bairrismo saudosista ao cosmopolitismo mais exaltado, do primitivismo freqüentador de roda-de-samba ao requinte do intelectual supercivilizado. Dessa variação resulta, entre outras causas, o alto poder comunicativo de sua poesia, uma poesia ao mesmo tempo demasiado jovem e demasiado madura, rica de sonho e curiosidade, insaciável em sua busca de solidariedade e contraditoriamente ciosa de uma intimidade cheia de pudor e recolhimento. Uma poesia que traduz com fidelidade (tanto quanto a fidelidade é possível) o sentimento de um homem que se recusa a trair a própria humanidade.

Um homem — o escritor e o amigo — a quem agradeço a bondade de me haver confiado a incumbência de ajudá-lo a selecionar estes poemas e de redigir este prefácio. Aliás, desnecessário.

Berkeley, fevereiro, 1978

NOTA DO ORGANIZADOR

Os poemas são inéditos, na sua maioria. No entanto, a pesquisa ainda em andamento constatou que alguns deles já haviam sido publicados esparsamente: "Cosmos, Caosmos" saiu, em versão inglesa e com o título de "Universe and anti-universe", na revista *Modern Poetry in Translation*, de Londres; "Aldara Aldara", com o título de "Europa Europa", em *Colóquio/Letras* (Lisboa); "Vestir o verde", no Caderno de Sábado, do *Correio do Povo* (Porto Alegre), repetido pelo próprio autor em *O país dos ponteiros...*; "Um supermercado da Califórnia" (tradução) e "Um supermercado em Copacabana", na revista *Escrita* (São Paulo, nos anos 1970).

Os poetas Tite de Lemos, Carlos Felipe Moisés (que chegou a fazer uma seleção prévia dos poemas), Affonso Romano e Pedro Galvão leram os originais de *Livramento* — alguns, na verdade, uma versão anterior do presente livro. Opinaram, criticaram, elogiaram, sugeriram mudanças, alterações e mesmo retirada de poemas. Acolhi quase todas as sugestões, o que é já uma forma de agradecê-los. Uma outra, mais simples e direta, é dizer "obrigado". Era o que eu queria dizer.

Este livro foi composto em Minion
e impresso pela Ediouro Gráfica
sobre papel Pólen Bold 90g para a
Editora Agir em novembro de 2006.